CARTA AL AMIGO REY

EC

EDITORIAL CÁNTICO
COLECCIÓN · LUZ DE ORIENTE

Colección dirigida por Raúl Alonso

cantico.es · @canticoed

Suscríbete a nuestro blog en

@canticoed

© de la edición literaria, traducción y notas: José Carte Rípodas, 2025
© Editorial Almuzara S. L., 2025
Editorial Cántico
Parque Logístico de Córdoba
Carretera de Palma del Río, km. 4
14005 Córdoba
Diseño de cubierta: Raúl Alonso, 2025
Imagen de Nāgārjuna: Nāgārjuna con treinta
de los ochenta y cuatro Mahasiddhas. Thangka del siglo XVIII

ISBN: 978-84-10288-74-4
Depósito legal: CO 813-2025

Impresión y encuadernación:
Gráficas La Paz

ACHARYA NĀGĀRJUNA

CARTA AL AMIGO REY

SUHṚLLEKHA

EDITORIAL CÁNTICO

COLECCIÓN ◯ LUZ DE ORIENTE

SOBRE EL AUTOR

NāGāRJUNA fue un influyente filósofo y monje budista indio que vivió aproximadamente entre los años 150 y 250 d.C. en el Reino de Andhra, al sur de la India. Nacido en una familia brahmín en la región de Vidarbha, se convirtió en una figura fundamental para el desarrollo del budismo Mahayana. Según la tradición, al nacer se predijo que viviría solo siete días, pero gracias a ofrendas realizadas por sus padres, su vida se extendió.

Estudió en el centro monástico de Nalanda, donde llegó a ser abad, y es reconocido como el fundador de la escuela filosófica Madhyamaka (Camino Medio). Su contribución más significativa fue el desarrollo de la doctrina de la vacuidad (*śūnyatā*), que sostiene que todos los fenómenos carecen de existencia inherente.

Entre sus obras más importantes destacan el *Mūlamadhyamakakārikā* (*Versos raíz sobre el Camino Medio*), *Ratnavali* (*La guirnalda preciosa*) y *Suhrllekha* (*Carta a un amigo*, que es el texto recogido en el presente volumen). Se le atribuye también el descubrimiento del *Prajñāpāramitā-sūtra*.

Su pensamiento ha influido profundamente en la filosofía budista a lo largo de los siglos, especialmente en las tradiciones Mahayana y Tibetana. Además de sus contribuciones filosóficas, algunas tradiciones le atribuyen conocimientos en alquimia y medicina. Su legado perdura como uno de los pilares fundamentales del pensamiento budista, por lo que es considerado en Oriente como el Segundo Buda.

CARTA AL AMIGO REY

MI RELACIÓN PERSONAL CON LA *CARTA AL AMIGO REY* DE NĀGĀRJUNA

POR RAÚL ALONSO

La primera vez que sostuve entre mis manos una traducción de la *Carta al amigo rey* (*Suhṛllekha*) tenía apenas veinte años. Han transcurrido tres décadas desde entonces, y a lo largo del tiempo, este breve poema epistolar ha sido para mí un compañero silencioso en mi propio camino espiritual, un texto que ha madurado conmigo, revelando diferentes capas de significado a medida que mi propia ignorancia se hacía más evidente ante mis ojos.

Esta nueva traducción de José Carte me invita a detenerme nuevamente en un texto tan querido. La *Carta al amigo rey* es un delicado puente tendido entre un monje y un monarca, que recorre la distancia de ambos mundos: el del renunciante y el del gobernante. La contemplación y la acción adquieren en este texto clásico del budismo los dos polos que articulan el profundo mensaje ético y espiritual de Nāgārjuna. En sus versos se entrelaza lo cotidiano y lo trascendente de una forma profundamente bella. Cuando Nāgārjuna escribe "Por tanto, mientras tu karma destructivo no se haya agotado / con toda la destreza y el esfuerzo que seas capaz...", está tendiendo la mano a lo largo de los siglos para tocar el centro de nuestra existencia, recordándonos la urgencia de despertar.

1. EL MAESTRO Y SU TIEMPO

LA RESPIRACIÓN DE UNA ÉPOCA

Siempre he imaginado el mundo de Nāgārjuna —la India de los siglos II y III— como un vasto tapiz de contrastes y ebulliciones. Las mañanas debían despertar con el canto de los monjes entonando sutras en monasterios cada vez más establecidos, mientras en los bosques cercanos, practicantes solitarios exploraban nuevas interpretaciones del Dharma que eventualmente cristalizarían en el Mahayana. Un tiempo de transición y fermentación espiritual, como lo han sido todos los momentos verdaderamente fecundos en la historia de las tradiciones religiosas.

Aún no he estado en la India, pero he viajado por ella muchas veces. Algo me lleva a pensar que es una tierra largamente conocida por mi ser. Andhra Pradesh es uno de esos destinos que tengo en mi libreta de peregrinaciones pendientes, concretamente Nāgārjunakonda y otros lugares asociados con el maestro. Me imagino sentado en meditación ante las ruinas de los antiguos monasterios donde quizás él mismo enseñó. Esta práctica me conecta con él, con su energía y con su luz dorada, provocando la sensación en mi conciencia de que entre Nāgārjuna y nosotros no median realmente dieciocho siglos, sino apenas el espacio entre dos respiraciones. Me pregunto cómo influiría el paisaje cultural, climático y humano de esa región en su pensamiento y forma de ser. Seguramente la secular convivencia de tradiciones hinduistas, jainistas y budistas en esta región proporcionaron fértiles ingredientes a la sutileza dialéctica de su filosofía Madhyamaka y su forma de explicar la vacuidad (*śūnyatā*).

El rostro tras el mito

Confieso que durante mis comienzos en el estudio del budismo, la figura de Nāgārjuna me resultaba casi mitológica. Las hagiografías que lo presentaban recibiendo textos de los Nagas en el fondo del océano, o viviendo seiscientos años, me parecían obstáculos para acercarme al hombre histórico. Fue solo gradualmente que comprendí que estas narrativas, lejos de ser meras ficciones que debían apartarse para alcanzar la "verdad histórica", constituían en sí mismas un valioso testimonio de cómo sus contemporáneos y las generaciones posteriores experimentaron el impacto transformador de su enseñanza.

Hace ya más de una década, un anciano y respetado pandit me dijo algo que iluminó mi comprensión: "Cuando la tradición dice que Nāgārjuna vivió seiscientos años, no está cometiendo un error histórico; está expresando una verdad experiencial: que sus palabras siguen vivas y su presencia continúa manifestándose a través de su enseñanza". Esta perspectiva me enseñó a relacionarme con las narrativas tradicionales como dimensiones complementarias que enriquecen nuestra comprensión.

La tensión entre el Nāgārjuna histórico —ese brahmán convertido al budismo, posible abad de Nalanda y consejero de reyes Satavahana— y el Nāgārjuna mítico —el mago alquimista inmortal dominador de Nagas— refleja en cierto modo la tensión fundamental que atraviesa su propia filosofía: la coexistencia de la verdad convencional (*samvriti satya*) y la verdad última (*paramartha satya*). Son dos discursos que operan en niveles diferentes pero interdependientes, como las dos alas que permiten el vuelo del pájaro.

RĀJA-PARIKATHĀ: EL REY COMO ESPEJO Y CÓMPLICE

Uno de los aspectos que más me intrigan de la *Carta al amigo rey* es precisamente la relación que sugiere entre Nāgārjuna y su destinatario real. Las estrofas revelan una intimidad espiritual, un vínculo que trasciende las diferencias de estatus y función social. En cada lectura del texto me sorprende la delicada danza que ejecuta Nāgārjuna: respeta plenamente el rol del monarca mientras le recuerda sutilmente la dimensión ilusoria del poder temporal. El maestro reconoce las obligaciones mundanas del gobernante mientras lo invita a ocupar una perspectiva de trascendencia.

La tradición literaria budista que incluye epístolas, diálogos o textos dirigidos a monarcas es conocida como *Rāja-parikathā* y tiene una profunda relevancia histórica y espiritual, reflejando la interacción entre el budismo y el poder secular en la antigua India. Esta tradición se caracteriza por su enfoque en transmitir enseñanzas éticas y espirituales a líderes políticos, promoviendo valores como la no violencia, la justicia y el dharma. Algunos ejemplos destacados de textos y diálogos dirigidos a monarcas son

1. El *Ratnāvalī*:
    Este texto es una obra doctrinal extensa que aborda principios filosóficos y prácticos del budismo Mahayana. Se centra en cómo un rey puede gobernar de manera ética siguiendo el Dharma, promoviendo

valores como la compasión, la no violencia y el bienestar social. Nāgārjuna, que fue su autor, como ocurre en el texto que nos ocupa, explica conceptos profundos como las "Cuatro Nobles Verdades" y la vacuidad (*śūnyatā*), adaptándolos al contexto político y social del monarca.

2. El *Milinda Pañha*:

Este texto recoge un diálogo entre el monje budista Nāgasena y el rey Menandro (Milinda), un monarca indo-griego del siglo II a. C. El *Milinda Pañha* aborda cuestiones filosóficas y doctrinales del budismo, utilizando preguntas y respuestas para explorar conceptos como la naturaleza del yo y la impermanencia. Según la tradición, este diálogo llevó a Menandro a convertirse al budismo, siendo posteriormente reconocido como uno de sus grandes benefactores.

3. Los edictos de Aśoka:

El emperador Aśoka, tras su conversión al budismo tras la devastadora guerra de Kalinga, utilizó inscripciones en pilares y rocas para comunicar principios éticos basados en el Dharma. Estos edictos promovían valores como la no violencia, el respeto por todas las formas de vida y la tolerancia religiosa. Aśoka también envió misioneros budistas a otros reinos, contribuyendo significativamente a la expansión del budismo.

4. El *Kosala Saṃyutta*:

El Canon Pali conserva la colección de discursos conocida como *Kosala Saṃyutta*, un texto bien conocido por mí dado que me dediqué durante un tiempo a traducirlo al español en colaboración con mi amigo Manuel José Díaz[1]. Se trata de un conjunto de *suttas* donde el Buda conversa con el rey Pasinadi de Kosala exponiéndole enseñanzas inspiradoras que le ayudaran a conducir su reinado y afrontar sus propias debilidades como monarca. Cabe señalar que el rey Pasinadi forjó una profunda amistad con Buda, lo que sentó las bases tanto de la práctica como de la formulación laica del budismo en sus comienzos. Al mismo tiempo, el rey de Kosala actuó como mecenas en la fundación de los primeros monasterios y comunidades budistas en la India.

5. El *Bhagavad Gita*:

El *Gita*, compuesto entre los siglos II a.C. y II d.C, surgió en un contexto donde el budismo ya se había consolidado como alternativa al brahmanismo. Algunos estudios sugieren que este gran texto del hinduismo incorporó ideas budistas indirectamente, como el énfasis en la acción desapegada (*karma yoga*), que podría responder a la crítica budista contra el ritualismo védico. No obstante, aunque se trata de un texto hinduista posterior al origen del budismo, su impacto en la cultura y mentalidad de la India fue tan grande que considero importante mencionarlo en esta tradición literaria por su resonancia en la forma, dado que su discurso doctrinal se desarrolla en torno a la conversación entre un personaje que encarna la sabiduría (el dios Krishna) y un gobernante (el príncipe Arjuna).

---

1 Publicado con el título *El libro budista del rey de Kosala* (Cántico, 2024).

Volviendo a Nāgārjuna, en mis propias meditaciones sobre su texto, a menudo he visualizado esa relación maestro-discípulo que emerge de las estrofas. Imagino al rey —quizás aquel Sri Yagna Satakarni mencionado por algunos académicos— recibiendo el poema, desenrollando el manuscrito con manos acostumbradas al peso de los símbolos del poder, pero ahora receptivas a un tipo diferente de autoridad: la del Dharma. Imagino sus ojos recorriendo el documento verso a verso, reconociendo en ellos no solo la sabiduría de Nāgārjuna, sino su propia sabiduría latente, ese potencial hacia el despertar que todos llevamos dentro.

Como tantos practicantes contemporáneos, he navegado entre períodos intensos de retiro meditativo y fases de inmersión en las responsabilidades familiares, profesionales y sociales. La *Carta al amigo rey* me ha recordado constantemente que estos aparentes opuestos no son sino facetas complementarias de una vida integrada en los valores de la conciencia espiritual.

2. EL TEXTO COMO MANDALA: GEOGRAFÍA INTERIOR DE LA *CARTA AL AMIGO REY*

El diseño invisible

Siempre me ha sorprendido la arquitectura interna de este texto. Lo que a primera vista podría parecer una simple colección de consejos éticos y filosóficos se va revelando poco a poco, a medida que el lector penetra en su discurso, como un diseño cuidadosamente concebido, casi como un mandala textual.

En mis relecturas periódicas del poema, he llegado a visualizar su estructura como un recorrido espiral:

comienza en la periferia de la conducta ética externa, avanza progresivamente hacia niveles más profundos de comprensión, y culmina en el centro mismo de la realidad, ese vacío pleno que es el Nirvana. Este movimiento de lo exterior a lo interior y de la forma a la vacuidad dibuja un mapa del camino espiritual que todos recorremos, consciente o inconscientemente.

Como practicante de meditación he comprobado en mi propia experiencia la sabiduría de esta progresión gradual que propone Nāgārjuna. Los intentos de acceder directamente a los estados más profundos de conciencia sin haber estabilizado primero la conducta ética y la atención dan invariablemente como resultado un espejismo espiritual, una comprensión meramente intelectual, sin la fuerza transformadora que permite elevar nuestra mente a la luz búdica. Como dice el propio Nāgārjuna:

Si deseas la liberación, sigue la opinión correcta;
pues incluso realizar actos virtuosos y llenos de mérito
termina en un resultado nefasto
si se llevan a cabo con puntos de vista erróneos.[2]

LAS SEMILLAS LATENTES DEL DHARMA

A lo largo de los años, he descubierto que ciertos pasajes que inicialmente me parecían poco relevantes o incluso problemáticos (como algunas referencias a los reinos infernales o ciertas metáforas sobre el cuerpo) contienen en realidad semillas de comprensión profunda que solo germinan cuando el terreno de la mente está adecuadamente preparado.

---

2 Estrofa 47.

Por ejemplo, la estrofa 25, que describe el cuerpo humano de manera aparentemente despectiva como "un inmundo recipiente, lleno de excremento, apenas recubierto por la piel, que supura desecho por sus nueve puertas", me resultaba inicialmente desconcertante, incluso repelente. Tras un largo tiempo, a través de prácticas específicas de conciencia corporal, comprendí que Nāgārjuna no estaba promoviendo una negación ascética del cuerpo, sino invitándonos a una relación más verdadera con nuestra corporalidad, libre de las distorsiones del apego y la identificación. Esta comprensión transformó mi propia relación con la enfermedad durante un difícil período en que tuve que enfrentar un diagnóstico preocupante, que me obligó durante varios años a portar un respirador portátil las 24 horas. Después de once operaciones y unas previsiones oscuras, la forma en la que desde mi mente y mi energía me relacioné con aquella circunstancia me llevaron a un cuadro de salud integral y absoluto, que ni los propios especialistas que han llevado mi caso en el Hospital Clínico de Barcelona pueden comprender.

De modo similar, la estrofa 59, con su metáfora de la tortuga y el yugo en el océano, cobró para mí un significado experiencial durante un momento de profunda crisis existencial en mi cuarta década de vida. La imagen de aquella tortuga ciega emergiendo a la superficie precisamente en el lugar donde flotaba un yugo de madera, introduciendo su cabeza en el hueco por puro azar, se convirtió en un potente recordatorio de la extraordinaria oportunidad que representa esta vida humana. Un recordatorio que me ayudó a reorientar mis prioridades y a renovar mi compromiso con la práctica.

El latido silencioso de la atención

Una enseñanza que ha sido particularmente significativa para mí es el énfasis que Nāgārjuna pone en la atención consciente (*smrti*):

> El Muni [Buda] enseñó que la atención es la fuente de la ambrosía, mientras que la falta de atención y de cuidado generan la muerte. Por tanto, con el fin de incrementar tu Dharma positivo, mantén siempre una actitud de cuidado y apreciación.[3]

¿Cómo expresar con palabras lo que significa realmente cultivar la atención momento a momento? He pasado mucho tiempo sentado en meditación, regresando una y otra vez a la simple presencia atenta cuando la mente divagaba. He practicado la atención en las actividades cotidianas —caminando, comiendo, escuchando, escribiendo— intentando contrarrestar la tendencia habitual a la distracción y al piloto automático. Y, sin embargo, sigue siendo un verdadero desafío sostener una atención continua.

La estrofa 54, donde Nāgārjuna afirma que "la percepción del cuerpo [en el cuerpo] es el único camino hacia la liberación", me ha servido como ancla para mi práctica. En momentos de confusión o complejidad emocional, el simple regreso a la conciencia directa de las sensaciones corporales —la solidez de los pies en contacto con el suelo, la expansión y contracción del pecho al respirar o el pulso latiendo en las sienes— me ha proporcionado un terreno estable desde el cual observar la naturaleza cambiante de los pensamientos y emociones.

---

3 Estrofa 13.

LA DANZA INMÓVIL DE LO IMPERMANENTE

La meditación sobre la impermanencia (*anitya*) y la ausencia de un estado de conciencia permanente (*anatman*) ha sido central en mi práctica espiritual. Las estrofas de Nāgārjuna que abordan estos temas fueron proposiciones filosóficas y focos de contemplación experiencial:

> Recuerda que el destino final de este cuerpo temporal
> es convertirse en cenizas, resecado y pútrido,
> y al fin quedarán sus elementos por completo dispersados.
> Sé consciente de que el sino de lo que carece de esencia
> es la desintegración final.[4]

Recuerdo una experiencia durante un retiro de tres semanas en la mata atlántica de Río de Janeiro. Tras días de intensa práctica meditativa, contemplando la impermanencia y la naturaleza ilusoria del yo, experimenté un atisbo momentáneo —tan breve como intenso— de la vacuidad de todos los fenómenos. No fue una comprensión intelectual, sino una percepción directa de la naturaleza fluida e interdependiente de todo lo que surge. Durante esos instantes, las palabras de Nāgārjuna sobre el yo y los cinco agregados (estrofa 49) dejaron de ser conceptos y se convirtieron en experiencia viva.

Aquella experiencia, aunque transitoria, transformó mi comprensión de la relación entre la forma y el vacío: no como opuestos que se excluyen mutuamente, sino como dimensiones interdependientes de la misma realidad, como la ola y el océano. Esta comprensión se profundizó años después durante un período de duelo por la pérdida de mi

---

4 Estrofa 56.

abuelo, cuando la contemplación de la impermanencia, lejos de aumentar el sufrimiento, me ayudó a aceptar la naturaleza transitoria de nuestra existencia y a valorar más intensamente cada momento compartido.

LA RED DE INDRA: EL ORIGEN INTERDEPENDIENTE

La doctrina del origen interdependiente (*pratityasamutpada*), piedra angular del pensamiento de Nāgārjuna, es uno de los aspectos que más significan para mí en la obra filosófica del maestro. Las estrofas 109-112, donde expone los doce eslabones del surgimiento condicionado, vuelven a mí periódicamente desde hace décadas como un koan viviente:

> La doctrina del origen interdependiente de todas las cosas,
> es la más profunda e invaluable enseñanza del Jina (Victorioso);
> quien entiende y percibe esta enseñanza,
> comprende directamente al Buda, el Conocedor de la realidad.[5]

En mi experiencia, la comprensión del *pratityasamutpada* no es un evento único, sino un proceso continuo de profundización. Comienza como una comprensión intelectual de la causalidad condicionada, evoluciona hacia una percepción más directa de la interconexión de todos los fenómenos, y eventualmente puede madurar en lo que los textos Mahayana llaman "la no-producción de todos los dharmas" —la comprensión de que, en su naturaleza última, los fenómenos ni surgen ni cesan realmente.

Si uno, durante una caminata por el bosque en cualquier día otoñal, hace algo tan sencillo como observar las hojas

---

5 Estrofa 112.

caer para descomponerse lentamente en el suelo, experimentará un momento de claridad sobre esta doctrina. Comprenderá que cada hoja contiene en sí misma todo el proceso del árbol, cómo su descomposición nutrirá el suelo del que surgirá nueva vida en primavera, cómo la propia observación forma parte de ese tejido interdependiente. No es una idea abstracta, sino una percepción de la totalidad interconectada que Nāgārjuna describe.

MAHAYANA EMERGENTE: EL HORIZONTE INFINITO DEL BODHISATTVA

Como estudioso de las tradiciones Theravada, mi encuentro con los elementos Mahayana en la *Carta al amigo rey* representa un puente natural hacia una comprensión más amplia del Dharma. Las referencias a Avalokiteshvara y Amitabha en las estrofas finales del poema, aunque breves, contienen en germen toda la cosmología Mahayana que posteriormente se desarrollaría en China, Tíbet y Japón.

Es digno de ver una ceremonia dedicada a Avalokiteshvara en cualquier liturgia tibetana. Mientras los monjes entonan el mantra *Om Mani Padme Hum*, las palabras de Nāgārjuna afloran en la mente:

> Has nacido y te conduces en tu vida como Arya Avalokiteshvara
> y has mostrado tu maestría en el yoga,
> para así ayudar con tu ejemplo a numerosos seres sufrientes
> y para que se desvanezcan las enfermedades, la vejez, las ataduras y el odio.[6]

Uno comprende entonces que Nāgārjuna no estaba simplemente invocando a una deidad externa, sino señalando

---

6 Estrofa 120.

hacia esa cualidad de compasión ilimitada que todos tenemos el potencial de manifestar. La integración de elementos de diversas tradiciones budistas —la atención plena del Theravada, la perspectiva filosófica de Madhyamaka, las prácticas devocionales del budismo de la Tierra Pura o la visualización tántrica— se han convertido en parte integral de mi camino espiritual. La *Carta al amigo rey*, con su síntesis de diversos aspectos del Dharma, ha sido para mí un constante recordatorio de la unidad esencial que subyace a la diversidad de expresiones del budismo.

3. EL POETA Y EL FILÓSOFO: LA BELLEZA COMO VEHÍCULO DEL DESPERTAR

La metáfora como puente

Mi formación académica en filosofía me enseñó a valorar la precisión conceptual y la coherencia lógica. Sin embargo, con el paso de los años, he llegado a comprender cada vez más profundamente el poder de la metáfora como un vehículo capaz de transmitir verdades que el lenguaje puramente analítico no puede capturar.

La *Carta al amigo rey* es extraordinariamente rica en metáforas y símiles que funcionan simultáneamente en múltiples niveles. Cuando Nāgārjuna compara la rareza de un nacimiento humano con la improbabilidad de que una tortuga marina introduzca su cabeza en un yugo flotante (estrofa 59), está evocando una imagen vívida que resuena emocionalmente y se graba en la memoria de manera mucho más efectiva que una proposición lógica.

En mi propia práctica de enseñanza del Dharma, he aprendido a valorar este poder de la metáfora. He comprobado cómo ciertas imágenes —el tronco hueco del banano, las burbujas en el agua o la ilusión del espejismo— pueden transmitir directamente, casi por ósmosis, verdades que requerirían extensas elaboraciones conceptuales. La poesía no es un lujo en la transmisión del Dharma; es a menudo el vehículo más directo para comunicar lo que trasciende las palabras.

LA BELLEZA COMO CAMINO

Un aspecto que me ha conmovido siempre de la *Carta al amigo rey* es su belleza formal. La elegancia de sus versos, incluso a través de las inevitables pérdidas de la traducción, revela a Nāgārjuna como un filósofo riguroso y como un poeta sensible a la dimensión estética del lenguaje.

Esta conjunción de verdad y belleza me ha enseñado algo fundamental sobre el camino espiritual: que la sabiduría más profunda no se presenta como una abstracción árida, sino que florece naturalmente en formas de belleza. El despertar no es la negación de la dimensión estética de la existencia, sino su plena realización.

Cuando atravesamos períodos particularmente difíciles de nuestra vida, marcados por pérdidas personales y desafíos que nos cortan la respiración, debemos buscar consuelo y orientación en la poesía espiritual más que en tratados de psicología o de filosofía —Rumi, San Juan de la Cruz, los *dohas* de Saraha, y por supuesto, Nāgārjuna. Los versos poéticos actúan como bálsamo para el corazón herido y como luz para la mente confusa, recordándonos que el camino espiritual no es una huída de la vulnerabilidad humana, sino una manera más plena y auténtica de habitarla. José Carte, el traductor del texto que aquí se presenta, ha contribuido al panorama humanístico de la ciencia espiritual traduciendo también la poesía zen o la poesía de Rumi con una delicadeza extraordinaria, entre otras muchas obras de la Sabiduría Oriental.

4. EL TEXTO COMO PUENTE ENTRE MUNDOS

ENTRE DOS BUDISMOS: LO ANTIGUO Y LO NUEVO

Una de las razones por las que la *Carta al amigo rey* ha sido tan significativa en mi propio desarrollo espiritual es precisamente su carácter de puente entre el budismo temprano y el Mahayana emergente. En ella conviven armoniosamente elementos de ambas tradiciones como perspectivas complementarias de la misma verdad fundamental.

Con el tiempo, uno puede experimentar ocasionalmente la tensión artificial que a veces se crea entre diferentes escuelas y tradiciones budistas. He visto cómo practicantes Theravada pueden ver con recelo ciertos desarrollos Mahayana como "desviaciones", mientras que algunos practicantes Mahayana pueden considerar las tradiciones más antiguas como "incompletas" o "preliminares". La obra de Nāgārjuna me ha ayudado a trascender estas dicotomías, mostrándome la continuidad esencial del Dharma a través de sus diversas manifestaciones históricas y culturales.

La precisión y sobriedad de las prácticas de atención Theravada proporcionan una base sólida para la comprensión más expansiva de la vacuidad y la compasión universal del Mahayana. La secuencia pedagógica de la *Carta al amigo rey* —desde la conducta ética hasta los conceptos más sutiles de vacuidad— reflejan exactamente este proceso de profundización gradual en la enseñanza de Buda.

Entre Oriente y Occidente: el diálogo contemporáneo

En nuestra época, este poema adquiere una relevancia adicional como puente entre las tradiciones contemplativas asiáticas y la sensibilidad occidental contemporánea. La accesibilidad de su lenguaje, la practicidad de sus consejos y la manera en que integra ética, psicología y metafísica lo convierten en un texto particularmente valioso para quienes nos acercamos al budismo desde un contexto cultural occidental.

En mis conversaciones con estudiantes y colegas he observado cómo ciertos pasajes de Nāgārjuna resuenan de manera especial con las preocupaciones contemporáneas. Por ejemplo, su análisis de los "ocho dharmas mundanos" (ganancia y pérdida, placer y dolor, alabanza y crítica, fama y descrédito) en la estrofa 29 ofrece una perspectiva liberadora en una cultura cada vez más obsesionada con el éxito externo y la validación social.

De manera similar, su descripción de la impermanencia y la precariedad de la vida humana (estrofas 55-57) proporciona un antídoto poderoso al materialismo y el consumismo que dominan gran parte de nuestras sociedades. En una era donde la atención es constantemente fragmentada por estímulos digitales, su énfasis en la atención consciente como "el único camino hacia la liberación" (estrofa 54) adquiere una urgencia casi profética.

Entre la teoría y la práctica: la encarnación del Dharma

Quizá el puente más significativo que tiende la *Carta al amigo rey* sea aquel entre la comprensión teórica y la práctica vivida. Nāgārjuna no ofrece al monarca un sistema filosófico abstracto para analizar, sino un camino para transformar su experiencia cotidiana. La sabiduría que transmite no es para ser poseída como conocimiento, sino para ser encarnada como modo de ser.

En nuestro propio camino, podemos comprender gradualmente que el verdadero estudio no ocurre principalmente en los libros o en las discusiones académicas, sino en el laboratorio de la experiencia directa. Las enseñanzas más profundas de Nāgārjuna sobre la vacuidad no pueden ser realmente comprendidas a través del análisis conceptual solamente; requieren una transformación radical de la percepción y una disolución de los hábitos mentales que nos llevan a reificar nuestra experiencia.

Las palabras de Nāgārjuna sobre la relación entre forma y vacío dejan de ser proposiciones filosóficas y se revelan como descripciones precisas del fenómeno de la conciencia. Este tipo de comprensión experiencial es, creo, lo que Nāgārjuna buscaba despertar en su amigo rey, y lo que su texto sigue despertando en lectores receptivos dieciocho siglos después.

5. EPÍLOGO: LA CARTA QUE NUNCA TERMINA

Al concluir estas reflexiones sobre la *Carta al amigo rey*, soy consciente de que apenas he rozado la superficie de un texto cuya profundidad parece expandirse con cada nueva lectura. Como un pozo sin fondo o un espejo que revela diferentes reflejos según la luz, las palabras de Nāgārjuna contienen niveles de significado que continúan desplegándose a medida que nuestra propia comprensión madura.

Hace unos días, mientras releía el texto para preparar esta introducción, me detuve en la estrofa final:

> Esa persona, para los millones de seres comunes,
> dolientes a causa de las emociones perturbadoras,
> ese ser Victorioso aplaca sus temores,
> pone fin al nacimiento y a la muerte
> y logra el estado más excelso, más allá del mundo perecedero,
> establecido en la Paz (de Nirvana), carente de errores y tachas.

Sentí entonces con una claridad renovada, que esta carta escrita hace casi dos milenios sigue siendo un mensaje vivo, dirigido a ese rey que mora en lo más profundo de cada uno de nosotros. Somos simultáneamente el destinatario de la carta —ese "amigo" que busca integrar el Dharma en su vida en el mundo— y potencialmente ese "ser Victorioso" que, habiendo despertado, puede ayudar a innumerables seres a liberarse del sufrimiento.

Esta doble identidad —la del buscador y la del encontrado, la del practicante y la del realizado— contiene quizás la enseñanza más profunda de Nāgārjuna: que el Nirvana no es un estado que deba alcanzarse en un futuro lejano, sino la naturaleza misma de nuestra conciencia cuando se libera de la ignorancia y el apego.

Mientras escribo estas líneas, el sol de la tarde proyecta largas sombras a través de mi estudio. Sobre mi escritorio, junto al ordenador, reposa mi gastado ejemplar de la *Carta al amigo rey*. Sus páginas, marcadas con anotaciones de diferentes épocas de mi vida, son testigo de un diálogo que ha continuado a lo largo de tres décadas, un diálogo que no es realmente entre Nāgārjuna y yo, sino entre la sabiduría atemporal que él articula y la conciencia que todos compartimos. Un diálogo que, como la carta misma, nunca termina realmente, y continúa reverberando a través de los siglos, invitándonos una y otra vez a despertar a la verdadera naturaleza de nuestra existencia.

6. BIBLIOGRAFÍA

Arnau, Juan (2005). *La palabra frente al vacío: Filosofía de Nāgārjuna*. México: Fondo de Cultura Económica.

Arnau, Juan (2018). *Fundamentos de la vía media de Nāgārjuna*. Madrid: Alianza Editorial.

Dalai Lama (2016). *El corazón de la sabiduría: Las enseñanzas del Sutra del Corazón*. Barcelona: Kairós.

Dragonetti, Carmen y Tola, Fernando (2012). *Filosofía de la India. Del Veda al Vedanta. El sistema Samkhya*. Barcelona: Kairós.

Mañas, Jesús (2007). *Nāgārjuna: Versos sobre los fundamentos del Camino Medio (Mūlamadhyamakakārikā)*. Barcelona: Kairós.

Nāgārjuna (2004). *Carta a un amigo*. Traducción y comentario de Geshe Sonam Rinchen. Alicante: Dharma.

Vélez de Cea, Abraham (2003). *Nāgārjuna: Versos fundamentales del Camino Medio (Mūlamadhyamakakārikā)*. Barcelona: Kairós.

BREVE INTRODUCCIÓN DEL TRADUCTOR

ACERCA DE LA AUTORÍA DE NĀGĀRJUNA (APROX. 150-250 E.C)

En 1923, hace cien años, el profesor e indólogo alemán Max Walleser (1874-1954) publicó su estudio[7] acerca de Nāgārjuna, en el que exponía: "el nombre (Nāgārjuna) del que no podemos afirmar que realmente existió y, todavía menos, que sea el autor de las obras atribuidas a él". En el año 1998, el profesor australiano Ian Mabbett publicó un controvertido artículo[8] en el que cuestionaba la existencia histórica del gran maestro Nāgārjuna (Nagaryuna) analizando los datos que poseemos, y llegó a la conclusión que no podemos estar seguros de la realidad histórica del maestro budista: no sabemos si existió; si existieron uno, dos o tres Nāgārjunas; y desconocemos quién de entre ellos fue el gran maestro budista y el escritor del *Mulamadhyamakakarika*. Esas aseveraciones descartan de un plumazo cualquier posible adscripción de los escritos de Nāgārjuna: no sabemos cuáles obras escribió, ni cuáles de las atribuidas a él son realmente suyas.

---

7 *The Life of Nāgārjuna from Tibetan and Chinese Sources.*

8 Mabbett, Ian (1998): "The problem of the historical Nāgārjuna revisited", Journal of the American Oriental Society, Julio 1998, nº 118, vol. 49.

Sin embargo, creo que las afirmaciones anteriores (a pesar de que pueden ser ciertas desde el punto de vista de la historiografía occidental) ignoran y muestran una gran desconsideración hacia toda la tradición budista, tanto india como tibetana y china. Porque en esos países Nāgārjuna es considerado "el segundo Buda" (en Tíbet). En la tradición budista india, Nāgārjuna es el Patriarca catorceavo en la línea de sucesión de Buda Sakyamuni (en un listado de 28, terminando con Bodhidharma). No solo lo anterior, sino que en Tíbet la enseñanza de Nāgārjuna ha sido considerada como parte de su propia tradición budista *vajrayana* y diferentes lamas y Rinpochés han explicado y disertado acerca de las enseñanzas del maestro. Vean como mero ejemplo la bibliografía utilizada. Incluso su Santidad el XIV Dalai Lama ha disertado acerca de él, en particular acerca del *Ratnavali* y del librito que nos ocupa: *Carta al amigo rey*. Nada de lo anterior tendría sentido si los maestros y Rinpochés tibetanos no aceptaran por buenas las enseñanzas de Acharya Nāgārjuna (Klu Sgrub, en tibetano).

Más consideración merece el estudio del académico danés Christian Lindtner, que en una exhaustiva monografía[9] (que es a la vez un estudio mesurado de toda la obra de Nāgārjuna) da por definitivamente pertenecientes a Nāgārjuna 13 obras, comenzando con el *Mulamadhyamaka-karika*. No voy a realizar aquí un listado exhaustivo, pero de entre ellas, valga decir que la número ocho es el *Ratnavali* (*La Preciosa Guirnalda*) y la doceava es la que aquí presentamos: *Suhṛllekha* (*Carta*

---

9 Lindtner, Christian: Nagarjuniana: Studies in the Writings and Philosophy of Nāgārjuna, Copenhagen, Akademisk Forlag, 1982.

al amigo rey). También para el gran indólogo Etienne Lamotte, el *Suhṛllekha* había sido escrito por Nāgārjuna.

¿Quién era el Rey de la *Carta al amigo rey*?

A pesar que la transcripción del texto tibetano ha dado lugar a varias grafías del nombre del rey: Udayana, Gautamiputra, etc., tenemos bastante certeza de que "el amigo rey" se trata de un monarca de la dinastía Satavahana, que reinó en el centro y sur de la India durante los siglos I y II de nuestra era. Esto estaría en consonancia con los datos de la tradición india y tibetana que hablan de que el mismo Nāgārjuna provenía del sur de la India, probablemente del actual Andra Pradesh. Incluso algunos estudiosos han intentado identificar el nombre concreto del rey de la dinastía Satavahana. Se trataría de Sri Yagna Satakarni, que reinó hacia los años 175 a 204. Esto coincidiría con nuestra datación de Nāgārjuna. Dejo de lado y obvio las numerosas leyendas de fuentes tibetanas y chinas acerca de Nāgārjuna: cómo el maestro predijo la ascensión al trono de un niño, cómo se convirtió en amigo del rey y cómo el sabio budista permitió que le seccionaran la cabeza con junco para que el *Prajnaparamita* pudiera nacer.

Lo que está fuera de duda es la relación de amistad entre el monarca y el sabio budista, como puede comprobarse por la lectura de este bello texto.

Unas últimas palabras de agradecimiento para el Venerable Geshe Lhakdor, por haber contestado y aclarado mis dudas acerca de este texto, en 2020. Geshe Lhakdor es una de las personas principales del entourage del Dalai Lama en Dharamsala, India. Ha sido intérprete y traductor al inglés del presente Dalai Lama y ha traducido y editado varios de sus libros. En la actualidad, Geshe Lhakdor es Director de la Biblioteca y Archivos tibetanos en Dharamsala. A él le debo las notas aclaratorias y las secciones organizativas del texto-poema.

Gracias/ thugje che.

J.Carte

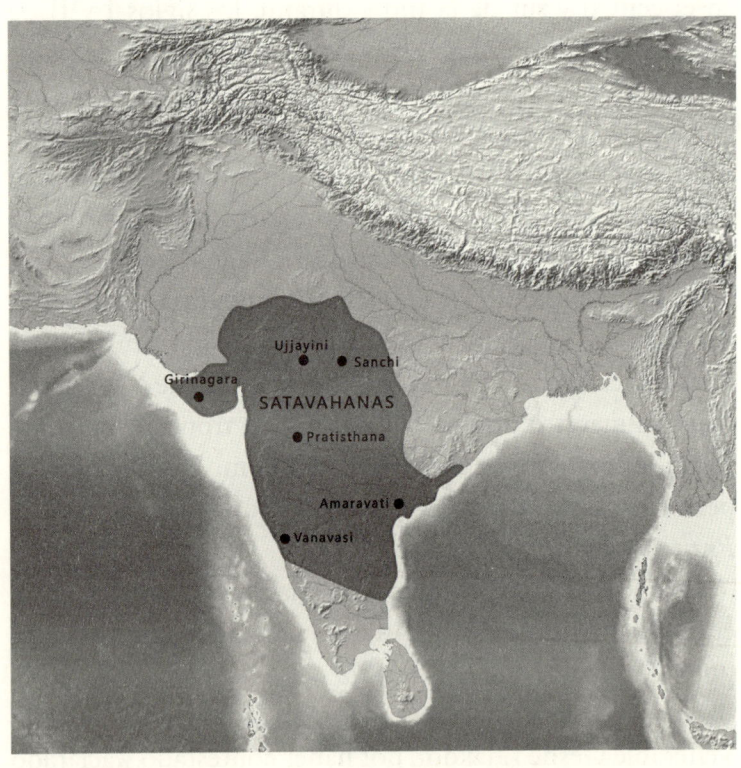

SUHṚLLEKHA [SÁNSCRITO]
BSHES-PA'I SPRINGS-YIG [TIBETANO]

1

Oh rey, que posees una naturaleza virtuosa y
buenas cualidades,
escucha estos breves versos en métrica aria[10]
que escribí para que así pudieras recolectar los méritos
que provienen de seguir las enseñanzas del Sugata[11].

2

De igual modo que una escultura del Sugata,
ya esté tallada en tosca madera o en el material que fuere,
es venerada por las personas sabias;

---

10 En métrica Aria: en varias traducciones se dice 'en métrica noble', pero H.
Wenzel en su estudio ('*Suhṛllekha*, Brief des Nāgārjunas an König Udayana',
Leipzig, Voss' Sortiment, 1886) indica que se trata de un tipo de versificación
concreta; son estrofas de cuatro versos de 7, 9 y 11 sílabas, siendo la mayoría
de 7. Geshe Lhakdor lo expresa también así.

11 'Sugata', de su-gati (sánscrito): uno de los epítetos más usados acerca de
Buda. Su significado es: 'felizmente ido' o también 'quien vivió felizmente'.
La explicación sería: 'felizmente marchado a la otra orilla' [La Iluminación].
Recuérdenlo de ahora en adelante, porque mantendré el uso de este término
durante todo el poema.

así también, aunque mi poema sea deficiente,
ten a bien no despreciarlo pues se basa en la exposición del
[sagrado Dharma[12].

3

Aunque el mensaje del Gran Sabio (*Mahamuni*)[13]
haya antes profusamente penetrado en tu corazón
e incluso lo hayas comprendido,
¿acaso el resplandor de la luna no resalta
la blancura de una pared recién encalada?

4

A. ENSEÑANZA DIRECTA: LA PRÁCTICA DE LA VIRTUD[14]

Recuerda los seis aspectos a tener en cuenta
según fueron proclamados por el Victorioso[15]:
el Buda, la Enseñanza, la Comunidad[16],
la ética, la misericordia y el respeto a los dioses.
Ten en mente la abundancia de cualidades que de ellos se
[derivan.

---

12 En el sánscrito original: 'saddharma': el verdadero Dharma budista, es decir, la enseñanza, la doctrina, la Verdad.

13 Es decir, el Buda.

14 Estas notas organizativas del poema no están en el original. Son una guía para ayudar a aclarar el sentido de los versos. Sigo las pautas del Ven. Geshe Lhakdor, de quien hablé en la introducción.

15 El Victorioso: 'Jina', que aparece una y otra vez en los textos. 'Victorioso' o 'Triunfante' sobre *samsara* o sobre la ignorancia.

16 El Buda, el Dharma, la Sangha.

5

Persiste siempre en la práctica de las diez acciones virtuosas[17]
tanto con tu cuerpo físico, como de palabra y mentalmente;
vuelve tu espalda a las bebidas narcóticas
y goza de un modo de vida sano y constructivo.

6

Pues conoces que la riqueza es efímera y carece de esencia,
sé generoso y justo en tus dones y regalos
a monjes (budistas), a brahmanes, a los pobres y a tus
[allegados.
Para la otra vida no existe un mejor heraldo que la
[generosidad.

7

Haz gala siempre de un comportamiento ético sin tacha,
sin compromisos, ni medias tintas, ni corrupciones,
ya que se dice que la conducta moral es el cimiento del resto
[de virtudes,
como la madre Tierra es el apoyo tanto de lo inerte como
[de lo móvil.

---

17 Las diez acciones virtuosas son: (el aspecto positivo de...) el abandono
para siempre de matar, el robo, la conducta sexual errónea, el mentir, el di-
famar, el hablar con enemistad, la charla frívola, la codicia, el desear mal a
alguien y el tener opiniones erróneas [en cuanto al Dharma]. Como ven, las
3 primeras se refieren al cuerpo, las 4 siguientes al habla y las 3 restantes al
espíritu. Este listado de diez proviene del Dhammapada. Vean también H.
Wenzel, op. cit, pág. 8.

8

LA PRÁCTICA DE LAS SEIS PERFECCIONES
O DE LOS SEIS 'PARAMITAS'

Haz que crezcan en ti las seis infinitas Perfecciones:
la caridad, la ética, la paciencia, el esfuerzo adecuado[18],
la estabilidad mental y, por último, la atención
[discriminativa[19];
de ese modo te convertirás en el Príncipe de los 'Jinas'
[Victoriosos]
que ha logrado alcanzar 'la Otra Orilla' del océano de la
[existencia.

9

La familia y la estirpe de quien honra a sus padres
se encuentra en compañía del dios Brahma y de los maestros;
quienes así lo hagan alcanzarán fama y renombre en esta vida
y, en el más allá, lograrán renacer en un nivel elevado[20].

10

Abandona toda acción dañina, el robo, la conducta sexual
[burda,
la mentira, los estupefacientes, comer a deshoras,

---

18 También la energía adecuada (o correcta).

19 En lugar de 'atención discriminativa', se podría decir simplemente 'sabiduría'.

20 El profesor Ernst Windisch apunta que el mismo mensaje se encuentra en el Itivuttaka Sutta, 106, del Canon Pali.

el gusto por las camas y sofás extra confortables
y todo tipo de bailes y de joyas.

11

Si posees estas ocho características constructivas[21]
que revelan la ética virtuosa de un Arhant[22] liberado,
dichos preceptos confieren a hombres y mujeres
el cuerpo atractivo de un dios de los reinos superiores[23].

12

Considera que son tus acérrimos enemigos
la avaricia, la falsedad, el engaño, los apegos,
el orgullo excesivo, la lujuria, el odio
y jactarse de poseer una casta, un nivel educativo
o un poder superior.

13
PRACTICAR LA ATENCIÓN

El Muni (Buda) enseñó que la atención es la fuente de la
[ambrosía[24],

---

21 Es decir, el lado positivo de las citadas en la estrofa anterior.

22 Arhat, Arhant (lit. Noble): en budismo, el nivel más alto de logro espiritual

23 El texto sánscrito original dice: 'Kamavacara-deva': de un dios del reino del Deseo. He simplificado la traducción de este verso.

24 El Muni: Buda. La ambrosía (amrta) representa la Liberación y por tanto, el Nirvana.

mientras que la falta de atención y de cuidado generan
[la muerte.
Por tanto, con el fin de incrementar tu Dharma positivo,
mantén siempre una actitud de cuidado y apreciación.

14

Quien antes tuvo una actitud descuidada
y más tarde desarrolló un talante de atención y cuidado
se convierte en alguien tan hermoso-a
como la luna asomando tras las nubes,
como lo fueron Nanda[25], Angulimala, Ajatashatru y
[Udayana.

---

25 a) Nanda. el ejemplo de Nanda es bastante largo, así que voy a tratar de resumirlo. Nanda era un joven upasaka casado. El Buda lo subió a uno de los cielos y le enseñó 200 bellas doncellas danzando. Nanda se quedó alucinado de su belleza. El Buda le dijo: si practicas con ahínco te prometo que podrás gozar de las diosas danzantes que viste. Nanda así lo hizo, hasta que se dio cuenta del error de practicar con ese fin y fue a ver al Buda para que retirase su promesa.

b) Angulimala: era hijo de un brahmán de la corte del rey Pasenadi de Kosala. Se había convertido en un bandido y asaltador de caminos que mataba indiscriminadamente a todo el que pasaba por aquel bosque, o les cortaba un dedo. Hasta que el Buda Sakyamuni pasó por aquel camino y con su enseñanza trasformó a Angulimala es una persona buena y espiritual, que luego se convirtió en el Venerable Angulimala.

c) Ajatashatru: o Ayata Shatru en su juventud, mató a su padre el rey Bimbisara para usurpar el trono de Magadha y después atacó y venció al reino vecino de Kosala. Un año después del Mahanirvana del Buda, el mismo rey se convirtió al budismo.

d) Udayana era un hombre que había asesinado a su propia madre y por eso residía en el infierno. Pero el Buda lo sacó de allí y desde entonces Udayana se convirtió en lo opuesto, un venerable monje budista.

15

No existe una mejor práctica ascética que ejercitar la
[paciencia,
por tanto, nunca entreabras tu puerta al enfado y a la cólera.
El mismo Buda aseveró que quien se libra de la ira
logra a la vez el estado de la liberación irreversible[26].

16

Guardar resentimiento de este modo:
"Este me insultó, ese me frustró, fui derrotado por aquél,
esos saquearon mis propiedades",
solo genera conflictos y riñas.
Quien se libra del resentimiento duerme feliz a pierna
[suelta[27].

17
PRACTICAR LA CONDUCTA CORRECTA
CON EL CUERPO, DE PALABRA Y MENTALMENTE

Conoce que los pensamientos son como formas
dibujadas sobre agua, sobre tierra o sobre roca.

---

26 Estos son los términos en el original: Ira, sánscrito [krodha], tibetano
[khroba] se combate con la paciencia [kshanti, bzodpa]. En cuanto al último
verso: 'liberación irreversible' traduce el estado de 'anagami' (el que ya no retornará a la existencia de samsara). Es el tercer grado más alto de logro (de cuatro).

27 El mismo mensaje se encuentra también en el Udanavarga (sección 15).
'Udanavarga', edición de Franz Bernhard, 1965. Así aparece también, casi literalmente, en el Dhammapada pali.

La primera es adecuada para aquellos con mentes turbadas,
mientras que las dos últimas se adecúan a los que ansían
[el Dharma.

18

El Victorioso (*Jina*) nos indicó que existen tres tipos de
[habla:
las palabras que alegran el corazón, las que dicen verdad y
[las mentiras;
estas tres son a su vez como miel, como flores y como
[inmundicia.
Deja de lado el último tipo[28].

19

Existen en la vida cuatro tipos de personas (*pudgala*):
los que pasan de la luz a la Luz Suprema;
los que van de la oscuridad a la oscuridad final;
quienes marchan de la luz a la oscuridad final
y quienes traspasan de la oscuridad a la Luz Suprema.
Esfuérzate por ser del primer grupo de gente.

20

Comprende que los tipos de personas son como los frutos
[de mango:

---

28 De nuevo, la misma enseñanza aparece en el Udanavarga, sección 8.

verdes que aparentan estar maduros;
maduros con apariencia de estar verdes;
verdes que aparentan estar sin madurar
y maduros con apariencia también de estar sazonados.

21

No mires con lujuria a la esposa[29] de otro;
si la vieras casualmente, piensa en ella,
según su edad, como tu madre, tu hija o tu hermana.
Si persiste el deseo, medita sobre la naturaleza impura de los
[cuerpos[30].

22
PRÁCTICA PARA PROTEGER TU MENTE

Con firmeza sujeta tu mente cuando comienza a vagar;
cuídala como si fuese tu aprendizaje, tu hijo, tu tesoro
o tu propia vida; aleja tu mente de los placeres sensuales
como tú mismo te retirarías de una cobra, un arma, un
[enemigo o del fuego.

---

29 A la pareja de otra persona, él o ella.
30 Aunque está en femenino, esto vale para ambos sexos, claro.

23

El Victorioso comparó los deseos con el fruto de la morera
[nepalí[31],
pues son causa de perturbación y molestia.
La avidez o apetencia es la causa que ata a las personas
[mundanas
a la prisión de *samsara*[32]. Por tanto, renuncia a ella.

24

Entre el vencedor que conquista la tendencia constante
de los seis sentidos corporales[33] hacia los objetos,
y quien derrota a un poderoso enemigo en la batalla,
saben los sabios que el primero es el guerrero más heroico.

25

Si se observa el cuerpo de un(a) joven propiamente,
aparte de sus vestimentas y ornatos, es un inmundo
[recipiente,
lleno de excremento, apenas recubierto por la piel,

---

31 'Kimpaka': es la mora (de la morera) nepalí. Me ha costado entender la referencia negativa. Según parece, estas moras son bastante amargas en su interior, con un cierto nivel de toxicidad.

32 Samsara: el mundo (la cadena) de nacimiento y muerte.

33 Es decir, los cinco sentidos más la mente (manas).

que supura desecho por sus nueve puertas[34],
exigente en su alimento y tan difícil de satisfacer.

26

Debes saber que así como el leproso recomido por la lepra
solo halla algo de bienestar cerca del fuego
—aunque no consigue aliviar su mal—,
así también se comporta el deseo por los objetos sensoriales.

27

MEDITAR ACERCA DE LA CAUSA DE LOS APEGOS

Así pues, para comprender la Verdad más elevada[35]
presta atención y percibe los fenómenos correctamente,
pues no existe ninguna otra práctica
que genere tantas beneficiosas cualidades.

28

Incluso las personas de casta o nivel elevado, cultos,
con formas atractivas, si carecen de sabiduría y moral[36]
no son respetados por la gente; por el contrario,

---

34 Es la tradicional metáfora en el hinduismo y budismo: el cuerpo como la ciudad de las nueve puertas u orificios corporales.

35 'La Verdad más elevada': Paramartha Satya, la Verdad suprema, más elevada. Sería el punto de vista de la persona iluminada.

36 Prajna (sabiduría) y Vinaya. Vinaya fueron en un principio las normas de moral para los monjes y monjas budistas, y por extensión, todas las reglas morales. Ver el Vinaya Pitaka del Canon Pali.

aún carentes de esas cualidades, las personas sabias
son veneradas y admiradas.

29
RESPECTO A LOS DHARMAS DE LA VIDA MUNDANA

Oh, rey, que conoces bien este mundo efímero,
observa con desapego los ocho dharmas[37] de la vida
[mundana:
ganancias, pérdidas, felicidad, desdicha, halagos, críticas,
alabanzas y burlas, y muéstrate indiferente hacia ellos
ya que no merecen el desvelo de tu mente.

30

No cometas faltas ni actos negativos
incluso si es por el bien de brahmanes, monjes, dioses o
[convidados,
ni por tus padres, ni tus hijos, ni siquiera a causa de tu
[reina o tu séquito,
ya que ellos no participarán de las penas del infierno[38].

31

Quienes cometen acciones pecaminosas
no son despedazados de inmediato por una espada o una
[lanza,

---

37 Aquí con sentido de: cualidades, propiedades, objetos.
38 'Pero tú sí', es el sentido de este verso.

mas cuando llegue la hora de su muerte,
los secuelas kármicas de sus actos se harán manifiestas[39].

32

El Sabio (Buda) declaró que las siete nobles joyas
que acumulan riqueza en los reinos celestiales son
la fe, la buena ética[40], la generosidad, la escucha,
la sencilla modestia, la humildad y la sabiduría[41].
Por ello, reconoce que la riqueza ordinaria no vale la pena[42].

33

Los juegos de azar, las reuniones no provechosas,
la holgazanería, confiar en malas amistades, beber alcohol
y vagabundear por la noche,
originan karma negativo para la reencarnación y mala fama
                               [en esta vida;
por tanto, abandona esos seis errores de inmediato.

---

39 La misma enseñanza se cita en el Udanavarga, sección X.

40 'La buena ética' es una pobre traducción. Lo que se pretender explicar es la auto-disciplina y la ética que nace de ella.

41 En vez de sabiduría, también: la percepción discernidora/discerniente.

42 En el budismo, estos 7 principios serían de aplicación para: a) bikkhus y bikkhunis (monjes y monjas); b) a un sramana (religioso errante); c) a un sramanera (novicio) y a su esposa o compañera; d) a un upasaka (fiel budista seglar). La misma enseñanza aparece en el Udanavarga, sección X.

34

El Maestro de humanos y dioses (Buda) afirmó que
la satisfacción y el contento son las riquezas más excelsas,
así pues, siéntete complacido en todo momento.
Cuando sin riquezas uno está satisfecho, esa es la verdadera
[fortuna.

35

Oh, noble rey, así como los príncipes de los Nagas
sufren según el número de cabezas que poseen[43],
del mismo modo, las personas padecen según la cantidad
[de posesiones,
mas nada de esto ocurre a quien goza de exiguos deseos.

36

Como consorte, huye de estos tres tipos de esposa:
la que, como un asesino, está asociada con tu enemigo;
la que, como una reina, te desprecia y falta al respeto;
y la que, como un ladronzuelo, roba objetos del hogar.

---

43 Esta comparación acerca de los Nagas es cuando menos curiosa. Los Nagas eran (en las leyendas de los Puranas) una raza de seres-serpientes. ¿Existe
aquí una referencia a él mismo, Nāgārjuna? Las biografías legendarias acerca
del maestro así lo dicen.

37

Por el contrario, venera a la esposa que,
semejante a una deidad del hogar, es amable como una
[hermana;
la que, como una amiga, te habla directo al corazón;
la que, como una madre, desea siempre tu beneficio;
y la que, como una dama de la corte, te respeta.

38
LA PRÁCTICA DEL DHARMA EN LA COMIDA

Comprende bien que el alimento es como la medicina;
no comas con rencor en tu corazón, ni por glotonería,
ni para conseguir poder, ni orgullo, ni un buen físico,
sino tan solo para sustentar el cuerpo, en su justa medida.

39
LA PRÁCTICA DEL DHARMA EN EL DORMIR

Oh, rey justo, tras haber dedicado el día a asuntos
[productivos,
duerme con consciencia solo en la parte central de la noche
y medita al comienzo de la madrugada y antes del alba,
de ese modo, tu sueño no será infructuoso.

40
La práctica del Dharma en la meditación

Medita constantemente acerca del amor afectuoso,
sobre la compasión, la dicha y la ecuanimidad[44];
incluso si no logras el estado supremo [Nirvana] de ese modo,
al menos alcanzarás el reino de la felicidad de Brahma.

41
La práctica del Dharma en los cuatro niveles de concentración-meditación[45]

Por medio de las cuatro etapas de *dhyana*,
mediante las cuales abandonas el deseo por los objetos,
así como el goce y el sufrimiento,
lograrás alcanzar los gozosos reinos celestiales del dios
                                    [Brahma,
de la Luz Brillante, de la Virtud Suprema y del Fruto
                                    [Superior[46].

---

44 Este es un punto importante a destacar. Los que citan aquí son los cuatro Brahmavihara (lit. 'las cuatro moradas de Brahma', o 'Los 4 Inconmensurables'): Maitri/byams-pa (amistad, amor de amigo); Karuna/nyingjé (compasión, misericordia); Mudita/dga-va (alegría por el bien ajeno o dicha empática) y Upeksha/btan-snoms (ecuanimidad).

45 Los Cuatro niveles o etapas de Dhyana (sánscrito)/jhana (pali) se enumeran simbólicamente: Primer nivel, segundo nivel, tercer nivel y cuarto nivel de concentración/meditación. Explicado brevemente, van desde la concentración a niveles cada vez más altos de absorción (samadhi).

46 Se podría haber dejado con sus nombres sánscritos: Brahma, Ahasvara, Subhakrstna y Brhatphala.

42

Sobre los firmes cimientos de estos cinco factores
[superiores,
a saber: la constancia, la intención, la ausencia de oposición,
el aspecto dotado de cualidades y el pleno de beneficios,
se generan acciones virtuosas y reprobables.
Por tanto, esfuérzate en una conducta constructiva basada
[en estos soportes[47].

43

Date cuenta de cómo unos granos de sal
trasforman el sabor de un cuenco de agua
pero en nada pueden afectar al inmenso Ganges.
Del mismo modo, percátate cómo unas pocas acciones
[erróneas
—originadas por el karma—
poco pueden contra las vastas raíces de las virtudes positivas.

44

CONOCE LAS CINCO OBSTRUCCIONES

Sé consciente de que estos cinco obstáculos
son los ladrones que desvalijan las joyas del
esfuerzo virtuoso:
los pensamientos vacilantes, el remordimiento, la inquina,
la confusión mental aunada con apatía, y al fin, los apegos.

---

47 Esta es una estrofa muy compleja, llena de significados inciertos. Es por
eso que existen tantas divergencias en las traducciones consultadas.

45
LA PRÁCTICA DEL DHARMA BUDISTA
CUYO FRUTO ES LA LIBERACIÓN

Estos son los cinco poderes, las cinco excelsas prácticas:
la fe, la energía correcta, la percepción consciente,
la absorción mental (*samadhi*) y la sabiduría (*prajna*).
Con ellas lograrás ascender a la cumbre (la liberación).

46
ABANDONO DEL ORGULLO

Piensa de este modo: "Las acciones que he llevado a cabo
son la causa de que yo no haya sido capaz de pasar más allá
[del karma
de la enfermedad, la vejez, la muerte y la separación de los
[seres queridos".
Repite este adagio como ayuda y antídoto al excesivo orgullo.

47
PRIMERA ETAPA DE LA MEDITACIÓN

Si deseas la liberación, sigue la opinión correcta;
pues incluso realizar actos virtuosos y llenos de mérito
termina en un resultado nefasto
si se llevan a cabo con puntos de vista erróneos[48].

---

48 'Erróneos': es decir, no siguiendo o en contra del Dharma de Buda.

48

SEGUNDA ETAPA DE LA MEDITACIÓN: LOS CUATRO PILARES DE LA PERCEPCIÓN

Conoce de primera mano que los seres humanos son
[infelices,
perecederos, impuros y que no poseen un 'yo'[49].
Quienes carecen del discernimiento de estos cuatro aspectos
y no ejercitan su percepción consciente[50] se encaminan a su
[ruina.

49

TERCERA ETAPA DE LA MEDITACIÓN: MEDITAR EN LOS CUATRO FUNDAMENTOS DE LA VERDAD

Ha quedado dicho[51] que "la forma no es el yo,
el yo carece de forma,
el yo no subsiste en la forma
ni tampoco la forma perdura en el yo".
Del mismo modo que la forma, entiende que los otros
cuatro agregados[52] restantes asimismo están vacíos.

---

49 Son los cuatro principios budistas enunciados por Buda Sakyamuni: dukkha, anitya, asuddha, anatman.

50 Smṛti-upasthāna: la aplicación de la percepción y consciencia.

51 No se especifica dónde. Hay que entender, expresado por el Buda o en las escrituras budistas.

52 'Agregados': Los cinco 'skandhas': los cinco elementos que constituyen la personalidad:1) cuerpo/forma; 2) sensaciones; 3) percepciones; 4) la volición/voluntad y 5) la consciencia.

50

Debes conocer que los cinco agregados no se originaron
por el azar, ni por el tiempo, ni de la materia primigenia
[(*prakriti*),
ni por su carácter intrínseco, ni por el poder creador de
[Ishwara (Dios);
no se puede decir que nacieron sin causa,
sino que surgieron de la ignorancia, del karma y del deseo.

51
LAS TRES CADENAS QUE IMPIDEN LA LIBERACIÓN

Comprende bien que estos tres son los grilletes que nos
[encadenan,
los tres obstáculos que bloquean la entrada a la ciudad de
[la liberación:
una exagerada atadura a la austeridad y a las ceremonias[53];
las opiniones erróneas[54] y la duda escéptica[55].

52
LAS TRES DISCIPLINAS QUE
CONDUCEN A LA LIBERACIÓN

Puesto que la liberación depende de uno mismo[56]
y no de la asistencia obtenida de otros,

---

53 Original: 'silavrata': apego a las ceremonias religiosas.

54 En el original: 'mithyadrishti': visión errónea o contraria. Creer que no existe lo que existe en realidad.

55 En el original: 'vicikiccha': duda escéptica, irresolución.

56 Recuerden que estas fueron palabras del propio Buda en su penúltimo discurso.

cultiva la cuádruple Verdad[57]
mediante la escucha o el estudio de los textos[58],
la autodisciplina y la estabilidad mental.

53

Mantén siempre la disciplina en la moral más elevada,
en la Suprema sabiduría y en la absorción mental más
[exaltada,
Las ciento cincuenta y una disciplinas menores[59]
están comprendidas en estas tres esenciales.

54
LA PRECEPCIÓN DEL CUERPO

Oh, gran rey, el Sugata (Buda) expuso que
la percepción del cuerpo (en el cuerpo)
es el único camino hacia la liberación,
pues la pérdida de la atención consciente destruye las
[virtudes,
atiéndela y protégela con firmeza.

---

57 'La cuádruple Verdad' es otra manera de referirse a las 'Cuatro Noble Verdades' enunciadas por el Buda: la existencia del sufrimiento; que existe una causa del sufrimiento; que el sufrimiento puede cesar; y que existe un camino para terminar con el sufrimiento.

58 En el original: 'srutam'. Se entiende los textos budistas.

59 'Pratimoksha': es el listado de reglas para los monjes y monjas budistas recogidas en el Vinaya Pitaka.

55

B. Asentando los cimientos
espirituales obtenidos

La vida humana es efímera y está asediada por multitud de
                                                    [penas,
inconstante como una burbuja empujada por el viento.
Solo el hecho que uno inspira tras la exhalación
y que uno se despierta tras el sueño, es un maravilloso
alivio transitorio de la muerte.

56

Recuerda que el destino final de este cuerpo temporal
es convertirse en cenizas, resecado y pútrido,
y al fin quedarán sus elementos por completo dispersados.
Sé consciente de que el sino de lo que carece de esencia
es la desintegración final.

57

Ya que ni siquiera quedarán restos de ceniza
de la Tierra, del Monte Meru o de los océanos
cuando sean achicharrados y calcinados por los siete soles,
¿qué decir del final de algo tan extremadamente frágil
como es un cuerpo humano?

58

¡Oh, hombre excelente! Ya que todo es transitorio e
[impermanente,
carente de un 'alma', sin protección, ni refugio, ni hogar,
por medio del distanciamiento libera tu mente de la rueda
[de *samsara,*
que es vacía, como el tronco de un banano[60].

59

Mucho más improbable que una tortuga marina
meta su cabeza en el hueco de un yugo caído en el océano
es lograr nacer en la condición humana para el resto de
[criaturas[61].
Por tanto, oh, líder de hombres, haz que tu nacimiento aquí
[sea fructífero
mediante la práctica del sagrado Dharma (budista).

60

Habiendo así obtenido un preciado nacimiento humano,
llevar a cabo acciones negativas es más estúpido
que utilizar un recipiente de oro y piedras preciosas
para recoger vómito u orina.

---

60 El tronco del banano es esponjoso por dentro. Hablar de tronco ya es
incorrecto porque es el tallo de una planta gigante. El original dice 'kadali'.
61 Según H. Wenzel esta historia hace referencia a una leyenda mitológica
de los Puranas brahmánicos acerca de una tortuga marina de cien años que
por casualidad metió su cuello en el hueco de un yugo caído al mar.

61

DE NUEVO, CONSEJOS DIRECTOS AL REY,
HABIENDO LOGRADO UNA BASE VIRTUOSA

Oh, rey, tú ya estás en posesión de las cuatro
grandes condiciones,
a saber: habitas en un país adecuado para el cultivo del
[Dharma[62],
confías en los sabios y santos[63],
has recogido el efecto positivo de los esfuerzos espirituales de
[vidas pasadas
y estás cosechando el mérito de tus plegarias.

62

El Muni (Buda) afirmó que confiar en un amigo espiritual
o en un maestro lleva a la culminación de la vida religiosa.
Innumerables gentes han logrado la Paz confiando en el Jina
[(Victorioso)[64],
así pues, tú deposita tu confianza en los sabios y santos.

63

Quienquiera que haya nacido como un hereje,
como un horrible espectro, como un ser infernal,

---

62 Es decir, la India.

63 De nuevo según Wenzel, el término sánscrito original para una persona
así (descrita en el verso 2) es 'kalyanamitra': 'amigo espiritual'. La palabra aparece también en la siguiente estrofa.

64 Es decir, el Buda.

o como un bárbaro extranjero, o un lisiado[65],
o una deidad de un cielo donde no haya llegado la enseñanza
[de Buda,

64

El haber renacido en cualquiera de estas condiciones
se conoce como "los ochos estados deficientes sin término"[66].
Mas tú que has tenido la posibilidad de librarte de ellos,
esfuérzate con ahínco para poner fin a posteriores
[nacimientos.

65

CONSIDERA LOS REINOS DE *SAMSARA*

Estimado rey, desarrolla un fuerte rechazo hacia *samsara,*
la cual es el origen de múltiples sufrimientos,
tal como la privación de lo que se desea, las enfermedades,
la muerte y demás. Escucha ahora el listado detallado de sus
[faltas[67].

---

65 Lit: 'que le falta un órgano o parte de su cuerpo'.

66 El término original es 'Akshana' (Akkhana, en pali): lit. 'las ocho condiciones difíciles' que se enumeran en estas estrofas. Se llaman así porque los seres humanos no hayan ningún descanso en ellas.

67 Ese 'listado detallado' que anuncia el verso 65.4 se detalla en las siguientes estrofas: 66, 67, 68, 69 y siguientes, y estrofa 76 y 77 y siguientes.

66

No existe ninguna certeza en la vida de *samsara,*
ya que un padre puede renacer en el estado de hijo,
la madre como esposa;
enemigos ancestrales son ahora amigos íntimos,
y puede también ocurrir exactamente al contrario.

67

Cada persona ha mamado más leche materna
que toda el agua en los océanos[68];
si los seres humanos continúan renaciendo como gente
                                                    [común
tendrán que seguir bebiendo infinitamente más.

68

(En la infinitud de *samsara*)
El número acumulado de huesos de cada persona
sería tan elevado o más que una montaña del Himalaya;
y toda la superficie de la tierra no bastaría para albergar
las semillas de junípero representando cada madre que uno
                                                    [ha tenido.

---

68 Se debe sobreentender: en el ciclo infinito de samsara...

69

Primero, uno se convierte en el dios Indra, honrado por
[todos,
y después te precipitas al mundo por la fuerza del karma
[pasado;
puedes incluso trocarte en un Chakravarti
[(monarca universal)
pero luego tornarás a ser el despreciable esclavo de un criado.

70

Puedes por un tiempo gozar del tacto de los senos y
[cinturas
de doncellas en los reinos celestiales;
pero una vez más pasarás a tener que sufrir la tortura
[insoportable
de los instrumentos de tormento que destrozan y trituran
[tus miembros[69].

71

Es verosímil que habites largo tiempo en el sagrado Monte
[Meru[70]
apoyando tus pies sobre un escabel confortable de hierba;

---

69 En los infiernos.

70 En la mitología hindú y en los Puranas, el Monte Meru es una montaña
que es el centro del universo y su apoyo. Se creía que estaba en algún lugar de
los Himalayas.

pero en otra ocasión te tocará el suplicio insufrible
de caminar sobre rescoldos ardientes y cuerpos putrefactos.

72

Gozarás en un período de los hermosos jardines celestiales
donde te recrearás con las jóvenes damas que te sirven;
mas después, tus pies, tus manos, tus orejas y nariz serán
desmenuzadas por espadas y cuchillas en el terrible jardín
[del Hades.

73

Puedes en una etapa nadar en el río celestial llamado
['Mandakini'[71],
límpido y bello, en cuya superficie hallarás doradas flores
[de loto;
pero pasado un tiempo te hallarás inmerso en el hirviente
[río Vaitarani[72],
con aguas causticas y llenas de salitre.

74

Podrás recibir una exultante felicidad de mano de los
[dioses del Kamadhatu[73]

---

71 'Mandakini': que fluye suavemente, de suave fluir.

72 Simplemente uno de los múltiples infiernos citados en el Mahayana.

73 'Kamadhatu' es el reino de los deseos. Es lo que significa literalmente:
kama-dhatu. Sin embargo, en otra versión se dice 'Kamavacara': la tierra de

o también la dicha del dios Brahma, exenta de pasiones;
sin embargo, después no podrás escapar de ser tú mismo
combustible en las incesantes llamas del infierno Avici[74].

75

Podrás alcanzar el estado del sol y la luna
y con la luz de tu cuerpo serás capaz de iluminar
incontables universos; pero pronto llegará la oscuridad
donde no verás ni siquiera la palma de tu mano extendida.

76

CONSIDERANDO EL SUFRIMIENTO
EN LOS DIVERSOS REINOS[75]

Ya que está claro que tendrás que sufrir todas esas penas,
sujeta en tu mano la lámpara y haz que aumente su
[luminosidad
por medio de la Triple virtud[76], pues con ella
tendrás que atravesar la inmensa oscuridad
que no pueden alumbrar ni el sol ni la luna.

---

los dioses. El sentido es similar.

74 Infierno Avici: uno de los infiernos 'calientes' en el Mahayana, que luego pasó al budismo tibetano.

75 'Diversos reinos' entendidos como: el reino celestial, el reino terrenal, el reino de los infiernos, etc.

76 La Triple Virtud: dana (la generosidad), sila (la moralidad) y dhyana (meditación). En conjunto se llaman también "las tres prácticas de instrucción" [shiksha].

77

Los seres humanos que cometen ofensas y faltas
sufrirán en los diversos infiernos, que se conocen como:
Samjiva, Kalasutra, Pratapana,
Sanghata, Raurava y Avici[77].

78-80

Allí algunos son prensados como las semillas de sésamo,
otros son molidos para extraer un polvo de cernido;
aún otros con cortados por sierras
mientras que otras gentes son despedazadas.
De igual modo, algunos son forzados a tragar
el líquido llameante de metales fundidos
y otros son atravesados por lanzas ardientes.
Algunos son atacados por feroces perros
y aún otros acometidos por fieras aves con garras de acero.

81-82

Algunas personas son usadas como pienso
para gusanos, insectos y moscas de la carne.
Otros deben comer carbón ardiendo
y otros son cocinados en enormes pucheros.

---

77 Cada uno de estos infiernos tiene una característica especial, pero no creo
necesario incidir más en ello.

83

Cualquier persona transgresora
que no se haya horrorizado al escuchar los insufribles
[tormentos
citados que ocurren en los reinos inferiores
—de los que se hallan distanciados solo por el espacio de
[una respiración—,
debe ser porque su naturaleza es tan dura como la piedra
[o el diamante.

84

A la gente común, les embarga el terror con simplemente
contemplar imágenes del Hades,
o con escuchar los suplicios del infierno;
entonces, si realmente los sufrieran en sus propias carnes,
¿qué necesidad habría de describirlos?

85

Tan cierto como que la liberación de las ataduras
genera la dicha más excelsa en el reino de la felicidad,
así de cierto es que el horrible sufrimiento en el infierno Avici
es el peor tormento posible entre todas las penalidades.

86

Considera el terrible dolor de un guerrero
a quien le clavan trecientas lanzas en un solo día;
pues bien, su padecimiento en nada puede compararse
a siquiera una mota del sufrimiento sin fin en los reinos
[inferiores.

87-88

Por tanto, mientras tu karma destructivo no se haya
[agotado,
con toda la destreza y el esfuerzo que seas capaz,
evita acumular siquiera un átomo de los frutos de las faltas
y de la ausencia de virtud,
por medio de la conducta de tu cuerpo, tu palabra y
[tu mente.

89
CONSIDERANDO EL SUFRIMIENTO
DEL REINO ANIMAL

Quienes han abandonado la virtud y el proceder positivo
renacen en el reino animal, no exento de
horribles sufrimientos:
son sacrificados para carne; atados de continuo;
[apaleados, etc.
y la mayor de las penas en ese reino, el cruel devorarse unos a
[otros.

90

Algunas criaturas son muertas por sus perlas, o por su lana,
o por su carne, por sus huesos, o por su pellejo;
mientras que a otros más dóciles se los convierte en
[esclavos:
golpeados sin piedad con palos, látigos o garrochas[78].

91

CONSIDERANDO EL SUFRIMIENTO
DE ESPÍRITUS Y ESPECTROS[79]

Existen espíritus hambrientos que sufren continuadamente
por no haber logrado lo que sus almas ávidas deseaban.
También en este reino se han de soportar las penalidades
[terrenas
de hambre, sed, calor y frío extremos.

92-93

Los que padecen hambre, ni siquiera
pueden consumir una migaja de comida putrefacta;
otros caminan por ahí desnudos

---

78 Aquí queda muy clara la postura de defensa animal de budistas y jainistas.
Eso les llevó a una posición crítica anti-sacrificial, en contra de los sacrificios
de animales que existían en el antiguo hinduismo védico.

79 La palabra sánscrita usada aquí es 'Preta': traducido comúnmente por
'espectro hambriento' se refiere a la creencia de la existencia de almas ator-
mentadas de los difuntos que no han conseguido reencarnarse, una creencia
extendida por toda Asia y aún en Occidente.

con sus cuerpos desecados y enjutos,
mientras que otros no pueden tan siquiera alimentarse
pues sus bocas están siempre llenas de arena.

94-95

Entre los espectros los hay que padecen aún peor condición
pues deben chuparse la sangre y el pus los unos
a los otros a modo de alimento;
sufren semejante calor en su interior
que incluso la fría luna les semeja calurosa.
Su mera cercanía a los árboles los reseca y mata
y los ríos se agostan a su paso.

96

Así funciona el karma negativo de sus acciones dañinas
que les ata con una soga indestructible;
ellos mismos atrajeron hacia sí el padecimiento
de los que no se librarán ni en cinco, ni siquiera en siete
                                                    [mil años.

97

Como explicó el Buda: "Si bien los sufrimientos
padecidos por los espectros (*Pretas*) son variados,
en el fondo surgen de una misma causa y son de un mismo
                                                    [cariz,
a saber, la avaricia, la tacañería y la falta de honradez".

98

Considerando los sufrimientos de los dioses

Sin duda, los seres celestiales poseen una situación
y estatus elevado y placentero,
mas para ellos la reencarnación y la muerte es aún más
[dolorosa
pues su caída y descenso implica mayor sufrimiento.
Sabiendo esto, no desees la encarnación en los reinos
[superiores.

99

Pues al descender sus cuerpos se afean,
sus asientos les incomodan, las guirnaldas en sus cuellos
se marchitan, sus ropas apestan
y no cesan de sudar, lo que nunca habían sufrido antes.

100

Así como en la tierra, la cerúlea lividez
anuncia la muerte de un ser humano,
así, esos cinco signos antes citados[80]
presagian la transmigración y caída de los dioses
desde los reinos celestiales[81].

---

80 Es decir, las cinco señales indicadas en la estrofa 99.

81 Según el profesor Ernst Windisch, la misma idea aparece expresada en el
'Ittivutakam Sutta', sección 83.
Pueden consultar su edición de este texto.

101

Oh, desgraciados seres celestiales,
ya que ningún mérito especial queda de su antiguo reino
cuando transmigran del mundo de los dioses
y se encarnan aquí en pobres animales, espectros insaciables
o, todavía peor, en criaturas del inframundo.

102

ACERCA DE LOS ASURAS, LOS SEMIDIOSES

Incluso los Asuras padecen gran sufrimiento en sus mentes
pues albergan hostilidad y envidia hacia los dioses;
aunque poseen gran inteligencia, no perciben la verdad
debido al velo encubridor de su karma.

103

Por lo tanto, por todo lo enumerado arriba,
debemos afirmar que el nacimiento en el ciclo de *samsara*
es desafortunado tanto para los dioses, los seres humanos,
los habitantes del inframundo,
como para los espectros hambrientos y los animales.

104

C. El Nirvana y la práctica de la vía que conduce al Nirvana[82]

Del mismo modo que te afanarías en apagar
el fuego que se había prendido en tus ropas o en tu pelo,
esfuérzate denodadamente en extinguir el ciclo de
[nacimientos
mediante la renuncia a las acciones,
pues en la vida no existe meta superior a esta.

105

Por medio de la ética, la sabiduría y la meditación[83]
trata de lograr el pacífico y puro estado de Nirvana,
que está fuera del tiempo,
es imperecedero, inagotable y carece de los elementos
de la tierra, el agua, el aire, el sol y la luna[84].

---

82 Quisiera recordar aquí el sentido etimológico de la palabra Nir-vana, que significaba hace 2.500 años (posiblemente en el sánscrito dialectal) "apagar el fuego, extinción del fuego", una vez que se había usado para cocinar o como fuente de calor o para ambos fines. Todos los sentidos posteriores de Nirvana en sentido de 'Iluminación', 'liberación', etc. provienen de ese sentido original de extinción (de los deseos).

83 Recuerden: estas son las tres 'shikshas', la Triple Virtud, de la que hablamos en la estrofa 76.

84 Es decir, el Nirvana carece de componentes ni agregados.

106

El árbol del Nirvana (la Iluminación) tiene siete grandes
[ramas:
la plena atención, la diferenciación de los fenómenos
[(*dharmas*),
la perseverancia en la vía, el gozo, la pureza mental,
la absorción (*samadhi*) y la ecuanimidad.
Estos son los factores constructivos que tejen la red para
[lograr el Nirvana[85].

107

PRAJNA-DHYANA

Sin sabiduría no se puede dar la meditación/concentración;
y sin meditación no se produce la sabiduría;
pero para la persona holística que posee ambas,
el océano de la existencia se torna tan diminuto
como el agua que cabe en la huella dejada por la pezuña de
[una vaca.

108

El Buda, el de la raza del Sol, enseñó
que existen catorce preguntas especulativas

---

85 Estos son los llamados 'sapta bodhyanga': 'los siete factores (o siete miembros) de la Iluminación' en el budismo Mahayana y también en el tibetano.

cuya respuesta no existe sobre la tierra[86],
y como estas no conducen a la paz mental, mejor obviarlas.

109-110
COMPRENDER EL 'ORIGEN INTERDEPENDIENTE' DE LOS FENÓMENOS NOS LIBRA DE *SAMSARA*

El Muni (Buda) afirmó:
"De la ignorancia se originan las predisposiciones y
                                        [tendencias;
de ellas surge la consciencia; de la consciencia nacen los
                                        [nombres y las formas;
de nombres y formas surgen los seis órganos sensoriales;
ellos dan origen al contacto (con los objetos);
del contacto surgen la percepción y las sensaciones;
de las sensaciones, el deseo; el deseo da origen a las
                                        [emociones;
de ellas surge el impulso hacia la prolongación de la
                                        [existencia,
y de esta, el renacimiento en otra vida"[87].

111

Si se da el nacimiento, con él surgen
numerosos sufrimientos:

---

86 Y sobre las que, por tanto, no merece la pena debatir ni gastar energía. En sánscrito: las 14 'Avyakrtavastuni'. Creo que no es necesario hacer un listado específico de las mismas.

87 Estas dos estrofas unidas expresan la 'Nidana' o teoría de las causas u origen de los fenómenos.

las penas, la enfermedad, la vejez, la frustración de los
[anhelos,
y el temor a la muerte.
Sin embargo, con el cese del nacimiento, cesan las
[penalidades.

112

La doctrina del origen interdependiente[88] de todas las cosas,
es la más profunda e invaluable enseñanza del Jina
[(Victorioso);
quien entiende y percibe esta enseñanza,
comprende directamente al Buda, el Conocedor de la
[realidad.

113
MEDITAR SOBRE EL 'ÓCTUPLE NOBLE SENDERO' BUDISTA

Para lograr alcanzar la suprema Paz (de Nirvana)
practica en los ocho brazos del Sendero budista:
correcta opinión, esfuerzo correcto, atención plena,
[correcto *samadhi*,
habla correcta, acción acertada y pensamiento adecuado.

---

88 Pratityasamutpada: la doctrina del origen interdependiente de todos los
fenómenos (y cosas). Ninguna cosa o fenómeno existe por sí misma, sino que
existe en un marco o red de relaciones de dependencias.

114
Considerando las Cuatro Nobles Verdades

El renacer es sufrimiento;
el deseo (*tanha*)[89] es el origen de ese sufrimiento;
el término de las penalidades constituye la liberación;
y el camino para obtener la liberación es el Óctuple Noble
[Sendero.

115

Así pues, oh rey, trata de cumplir las Cuatro
Noble Verdades,
puesto que mediante esta enseñanza,
incluso una persona laica adinerada
es capaz de cruzar el río de las emociones perturbadoras
[(*klesha*).

116

Quienes han logrado que el Dharma[90] se haya manifestado
[en su vida
no son seres caídos del cielo,
ni seres que han brotado y crecido del útero de la tierra,

---

89 Quisiera referirse un poco a la palabra 'tanha' usada por el Buda para
referirse al deseo o a la avidez.
En origen, la palabra 'tanha' significaba 'sed acuciante' y cuando uno está así
de sediento, su único deseo es beber. De ahí: deseo acuciante, ansia ciega.
90 Aquí, la Enseñanza de Buda.

sino que ellos también eran personas comunes afligidos
[por las emociones.

117
D. Resumen de los consejos dados al rey

Oh, valeroso rey, el Bendito (Buda) dijo
que la mente es la raíz de la virtud,
luego, disciplina tu entendimiento.
Este es el consejo más beneficioso y útil;
dime, ¿qué más admoniciones necesitas?[91]

118

Sería incluso arduo para un monje que vive en soledad
llevar a cabo todas los palabras de guía que se te han dado.
Así pues, comienza por cultivar cualesquiera de estas
[prácticas
para que tu vida tenga pleno sentido.

119
Contemplando la vía del Mahayana

Si te alegras y regocijas de las virtudes de todos los seres,
si te esfuerzas con ahínco en desarrollar los tres tipos de
[buena conducta

---

91 El mismo mensaje aparece en el texto budista 'Udanavarga', sección 31, traducido por W.W. Rockhill hace ya más de 140 años, en 1881. La edición moderna es la de Franz Bernhard, en 1965.

para lograr la naturaleza búdica,
si ya posees maestría en el yoga, entonces
cosecharás numerosas vidas en el reino de los dioses por
[medio de tu mérito.

120

Has nacido y te conduces en tu vida como Arya
[Avalokiteshvara[92]
y has mostrado tu maestría en el yoga,
para así ayudar con tu ejemplo a numerosos seres sufrientes
y para que se desvanezcan las enfermedades, la vejez, las
[ataduras y el odio.

121

Pues este es tu último nacimiento,
líbrate de las enfermedades, de la vejez, del deseo y la ira;
haz que esta tu última existencia sea inmensamente larga y
[fructífera
y permanece como Protector del mundo,
como el Triunfante Buda Amitabha[93].

---

92 Arya Avalokiteshvara: 'el Señor que mira hacia abajo'. En la época de Nāgārjuna (siglo III EC), todavía estamos en los comienzos del Mahayana y probablemente Avalokiteshvara no había tomado aún el importante rol de 'bodhisattva de la Compasión' que adquirió más adelante y que pasó al resto de países orientales donde se estableció el Mahayana, pero se puede adivinar ya el germen de la concepción del 'bodhisattva'.
En esta estrofa 121, dense cuenta de la identificación del rey con Avalokiteshvara.

93 Buda Amitabha: 'el Buda de la Infinita Luz de la Consciencia'. Como saben, esta concepción de Buda pasó después al budismo chino y de allí al

122

Una persona así, habiendo logrado el estatus del
[Victorioso (Buda),
habiendo expandido por la faz de la tierra,
por el espacio y los reinos celestiales la fama pura
de la Sabiduría, la Moralidad y la Misericordia
y habiendo con ello logrado calmar y apagar
el deleite de dioses y hombres por el sexo y otros goces.

Japón (Amida Butsu).

123
FINAL

Esa persona, para los millones de seres comunes,
dolientes a causa de las emociones perturbadoras,
ese ser Victorioso aplaca sus temores,
pone fin al nacimiento y a la muerte
y logra el estado más excelso, más allá del
mundo perecedero,
establecido en la Paz (de Nirvana), carente de errores y tachas.

[COLOFÓN del texto tibetano]

Aquí finaliza la amistosa Carta que el Noble Maestro
(Acharya) Nāgārjuna [*klu-sgrub*]
envió a su amigo, el rey Udayana [*bdo-spyod*].
Fue traducido (al tibetano) por el pandit hindú
Sarvajnadeva y del muy respetado
monje [*bande*] tibetano Dpal-rtsegs.

NOTA FINAL:
DATACIÓN DEL TEXTO TIBETANO

El colofón al final del texto tibetano (indicado más arriba) nos permite la datación bastante exacta de la escritura de la versión y traducción del *Suhṛllekha* en Tíbet. Sabemos que el *bande* [monje] tibetano Dpal-rtsegs vivió y realizó varias traducciones importantes vertidas a la lengua tibetana durante el reinado del rey Ral-pa-can [otras veces denominado Ralpachen]. Afortunadamente poseemos una cronología precisa para este monarca tibetano. Nació en el año 806 de nuestra era, ascendió al trono en 815 y reinó hasta el año 838 e.C., cuando fue asesinado por su hermano Langdarma. Ralpachen fue el rey cuarentavo en la dinastía tibetana Yarlung [una dinastía en parte mitológica cuyo origen se pierde en el tiempo] y era nieto del gran monarca Trisorg Deutsen, quien trajo al gran maestro Padmasambhava a tierras tibetanas.

En el siglo IX, con el reinado de Ral-pa-can, el Imperio tibetano alcanzó su máxima expansión territorial. Fue, como su abuelo, un gran protector del budismo *vajrayana* en Tíbet e invitó a varios maestros indios al Tíbet. Bajo la tutela del rey, se realizaron importantes trabajos de traducción de textos budistas a la lengua tibetana, siendo uno de los más importantes entre ellos la versión tibetana del larguísimo 'Paramita en Cien mil Estrofas'.

El monje Dpal- rtsegs [el nombre completo que conocemos es Khapa Dpal-rtsegs] fue uno de estos monjes patrocinados por el rey Ralpachen. Dpal-rtsegs realizó varias traducciones importantes al tibetano (siempre en colaboración con otro monje indio), siendo quizá sus trabajos más importantes una nueva traducción de parte de la literatura Prajnaparamita y en especial el llamado '*Sha-sgro-can*' ['Manuscrito forrado con el bolso para carne', que es una descripción del tipo de bolsa que lo protege]. Como ya hemos dicho, tradujo también el presente texto: *Carta al amigo rey*. Podemos entonces datar la versión tibetana de este texto entre el año 815-840 de nuestra era. Desgraciadamente, de la datación del texto sánscrito original de Nāgārjuna no poseemos ninguna información.

Toda la información anterior la conocemos sobre todo por el texto 'Historia del Dharma (en Tíbet)' de Dudjom Rinpoché (1904-1987). Para el reinado de Ralpachen, pueden consultar también la Rigpa Wiki.

BIBLIOGRAFÍA UTILIZADA

Conze, Edward: *The Prajnaparamita Literature*, Tokyo, The Reiyukai (Press), 1978.

Garfield, J y Priest, Graham: "Nāgārjuna and the limits of thought", *Philosophy East and West*, vol. 53, 2002 (el artículo se puede acceder a través de Minerva Access).

Inada, Kenneth K.: *Nāgārjuna: a translation of his Mulama-dhyamaka karika*, Sri Sadguru Publications, Bibliotheca Indo-Buddhica, n° 127, Delhi, India, 1993.

Kangyur Rinpoche: *Letter to a Friend, with Commentary by K. Kangyur Rinpoche*, Snow Lion Publications, 2006.

Lhakdor Geshe (Venerable): *Letter to a Friend, by Acarya Nāgārjuna*, publicado por la 'Foundation for Universal Responsibility of His Holiness The Dalai Lama, 2020.

Tucci, Giuseppe: *The Ratnavali of Nāgārjuna*, (traducción parcial del texto), Royal Asiatic Society, Londres, 1934.

Wenzel, H: *Suhṛllekha, Brief des Nāgārjuna an König Udayana*, (aus dem Tibetischen übersetzt von H. Wenzel), Voss' Sortiment, Leipzig, 1886.

SOBRE EL TRADUCTOR

JOSÉ CARTE vive en Pamplona. Ha sido profesor de la E.
Oficial de Idiomas y de la U. Pública de Navarra. Ha publicado más de treinta libros como autor, traductor y editor
de obras de espiritualidad oriental (hinduismo, budismo)
así como de misticismo occidental. En Editorial Cántico
ha publicado *Pequeño gran Rumi: poesía escogida* (2023) y
Mil años de poesía japonesa zen (2023) y *Carta a un amigo
rey* de Nāgārjuna (2025).

ÍNDICE

Carta al amigo rey
de Acharya Nāgārjuna
compuesto con tipos Montserrat
en créditos y portadillas, y DGP
en el resto de las tripas,
maquetado bajo el cuidado de Daniel Vera,
y con la aprobación de Raúl Alonso
como editor de mesa de la obra,
se terminó de imprimir
el 12 de mayo de 2025,
con la luna llena del Wesak alumbrando
la nieve del monte Kailash.

LAUS DEO